A HONESTIDADE

FAZ FRONTEIRA

COM O CRIME!

J.F. TORRES

<u>O HOMEM HONESTO!</u>

Salvo àqueles que possuem alguma limitação mental e é honesto por força das circunstâncias, por não ter coisa melhor para fazer, o restante da população, voltada para seu trabalho, suas ocupações, seus anseios, seus desejos, suas convicções, vive a vida tranquila, praticando atividades relativas a um comportamento, normal o que lhe atribui o título de homem honesto!

Esses mesmos homens honestos, vez ou outra, encontram uma carteira de dinheiro aqui outra acolá e com justeza, devolvem a seus verdadeiros (não fazem mais do que a obrigação) donos, pois, num país, notadamente de pessoas desonestas e do jeitinho à brasileira, (não todos, mais os políticos) fazer o que é de direito, passou a ser virtude!

Porém, há uma péssima notícia: nesse mundo não há homem honesto!!!

Que absurdo é esse?

Sim, somente um fora homem honesto de verdade, todo o resto... se esforçam, porém, a emenda sai sempre pior que o soneto!

Fazem uma coisa boa e outras tantas repercutem muito mal!

Vejam por exemplo, esse exemplo de homem honesto!

Trabalha a semana inteira, não é empregado é verdade, mas, é dono de seu próprio negócio e nas horas vagas, é praticante assíduo de artes marciais, para equilibrar a mente e fortalecer o espírito, tornando o corpo físico mais disposto, apesar de ingerir bebida alcoólica e fumar regularmente, mas, o esporte para si...

Ao término da extenuante semana, como era de se esperar, vai para a chamada "balada", desafogar, desabafar, curtir, com seus amigos!

Eis um exemplo de homem honesto!

Bom esposo, pai de família, quiçá, bom patrão!

Esse homem honesto, num ataque de fúria, repentinamente, numa súbita fúria e ataque selvagem, desfere um violento golpe com seu potente cotovelo, contra a face de uma pobre e desavisada dama, que caiu na besteira de dizer a verdade para ele ao pé do ouvido: "você é um animal, troglodita, violento, filho de uma cadela e pessoas do seu nível deviam apodrecer na cadeia!"

Antecipou a verdade e foi alvejada pelo criminoso "homem honesto!"

A verdadeira honestidade está diretamente associada a mais pura virtude, uma não sobrevive sem a outra e a complexidade dos mecanismos que as unem, ainda não é objeto de compreensão dos seres humanos, porém, você há de convir comigo, que um homem de bem, sob qualquer circunstância, tentaria ao menos, sem ser perfeito, ser o menos violento, estúpido, ridículo, possível!

<u>SUBPRODUTO DA BESTA!</u>

Imagino aqui comigo mesmo, a paixão que domina um ser por outro até finalmente alcançar o tão sonhado casamento. Eu mesmo sei bem o que é isso!

Tudo começa com um simples olhar. Porém, parece já haver uma completa afinidade, enfim, uma parte dela ou dele mais desejada e por fim, o beijo e todas as emoções contidas no interior da mente, eclodem num arroubo de infinito desejo e está consumado a união...

Não obstante tudo isso, ainda há a celebração final: a paixão e o sexo!

No entanto, ainda não é o fim!

Posteriormente, vem o rebento, após brigas e mais brigas entre os espermatozoides, surge uma vida, de tal forma, que o homem e a mulher passam a ser, forçosamente, "sócios" na obra de Criação (Creação) e propagação da humanidade!

Diante desse quadro, é impossível acreditar que um casal, por mais ignorante que seja, por mais maldosos e desequilibrados que intentem ser, desejem de livre e espontânea vontade, fazer nascer para o mundo, um criminoso ou por exemplo, um terrorista um serial killer!

Não é regra, a tudo há exceção!

Mas, no geral é assim!

Mas, imagino não haver um casal, capaz de olhar para seu filhinho no berço e imaginar que está criando uma fera para futuramente, dar trabalho para a sociedade. Está educando um celerado, para mais tarde, pagar com ódio e desprezo, todo carinho e amor, a si destinado!

E um povo que nunca acreditou na presença e vinda de Jesus como seu salvador e senhor, que não acredita em Deus, que ainda aguarda ansiosamente, disparando bombas uns contra os outros, a chegada do profeta que são merecedores para encontrarem sua salvação e a paz tanto desejada, vivem sem dúvida alguma: no mundo da lua!

E aquela promessa de encontrarem após a morte, um oásis com quarenta mulheres, diversos camelos, cabaças de água, equivale em gênero número e grau a teoria aceita por parte da humanidade no que tange aos pretensos protótipos da raça humana e formadores do mundo Adão e Eva.

Cada vez que a Ciência encontra a evidência através de novas descobertas de que isso não poderia ser... o leigo, senta em cima da verdade, quando não enfia a cabeça na areia e como o avestruz acha que está protegido, mas, você e eu sabemos que não está!

Acredite, tudo pode surgir de um povo naturalmente maldoso e hipócrita!

Tudo é permitido a essa gente que só acredita no poder das armas!

E do axioma dito por Paulo: "tudo eu posso, mas, nem tudo me é lícito!" Entendem exatamente ao contrário: "tudo que me é ilícito eu posso!"

Um imbecil que acredita que derrubando, por exemplo, um avião, matando centenas de pessoas, entre homens , mulheres e crianças, lhe proporcionará a aquisição de um grande tesouro no pós morte, é um "lesado". Lesado, para não falar outra coisa. Destituído de raciocínio, de entendimento. É uma besta. É um animal!

Entenda-se um animal no sentido de falta de anseio e não de brutalidade, os animais, a vida inteira, são mais dóceis!

Um indivíduo, que um dia, foi fruto de uma relação entre um homem e uma mulher, recebeu carinho (e mesmo que não o tenha recebido), cresceu dia após dia, foi para a escola, deve ter chamado pelo nome de seu pai ou de sua mãe, alguma vez na vida, etc.,

Pois bem, esse indivíduo, aparece em frente as câmeras de televisão, do mundo inteiro e para provar que é macho e se autoafirmar, com um capuz preto cobrindo, aquilo que se poderia chamar de rosto e com uma faca de tamanho pequeno, a fim de impingir maior dor a sua vítima, sem dó nem piedade, corta a cabeça de um outro ser humano!

Esse ato de total brutalidade, marca finalmente, o fim da civilização e o início da barbárie.

O mundo não se unindo para combater essa espécie de crime, a recíproca se tornando igual, quando o sangue dos inocentes começar a ser derramado, estará dado início, ao

tão temido final dos tempos!

<u>EXEMPLO GENUÍNO DE HOMEM HONESTO</u>!

Esse sim, homem de bem e honesto!

Atende literalmente a todas as exigências para ser aquilo que a sociedade tanto fala e anseia, mas, quão difícil de se encontrar por aí, parece, um homem honesto de verdade!

Acorda cedo para trabalhar, estuda, cuida dos afazeres domésticos e mantém sua vida relativamente em ordem!

Usufrui sim, de regalias, mas, nada mais justo, faz parte da chamada classe média o que em outras palavras lhe proporciona um certo luxo. Como o direito de ir até seu trabalho num ótimo carro, evitando o aglomerado dessas conduções cheias, estilo "lata de sardinha".

Também, possui casa própria, esse sim, um verdadeiro luxo, o fato de não ter que se deslocar até às bordas dos morros existentes nas cercanias de São Paulo e em sua periferia, tornando a visão de paisagem, completamente falida para o espectador curioso!

Seu vício declarado e confirmado é o cigarro, aliás, mas, mal causa a sua pessoa do que a outrem, quanto a beber, faz parte do quadro daqueles que dizem "beber socialmente!"

Em termos gerais, diante da população irrequieta, sofrida e insatisfeita, é um homem relativamente feliz!

Perante os habitantes das chamadas "comunidades", que na minha época eram conhecidas por favelas, mesmo que fossem construídas em alvenaria, é digno de inveja. Então, o que o faz diferente ou o que o faz igual a outros tantos inconformados, revoltados e insatisfeitos?!

Sim, o tipo de som que escuta! O som que ouve que o faz igual!

Mesmo nos dias úteis, quando vai trabalhar logo cedo e quando volta, altas horas da noite e finais de semana, seja no percurso em seu automóvel, seja em sua casa em alto volume, o "FUNK", não saí de sua vida!

"Tchum! Tchum! Tchá! Tchá!

Todos os dias, de manhã, à tarde e a noite!

Assim, não é possível admitir que um indivíduo seja completamente normal e honesto, seja "usuário" rotineiro dessa espécie de "SOM". Não vou chamar de música, pois, é outra coisa completamente diferente e envolve outras coisas além do sentimento: compasso, tempo, duração, pausa, sonoridade, coesão, etc.

A partir do instante onde um homem honesto passa a apreciar essa espécie de "combinações auditivas", tenho cá minhas dúvidas, quanto a sua capacidade de ser completamente de bem e estar do lado dos justos!

Toda vez que escuto semelhante cacofonia, tento a todo custo, imaginar como é possível apreciar isso. De todas as maneiras, tento não ser tão crítico, mas, minha paciência se esgota, logo na audição dos primeiros dissonantes acordes. O ódio me invade e tenho vontade de quebrar todos os CDs com esses sons!

Me contenho, pois, não sou um bárbaro, mas, quase me torno, quando esse desgraçado travestido de homem honesto, passa a meia noite ou cinco horas da manhã, no seu carro, com volume máximo, ouvindo: TCHUM! TCHUM! TCHA! TCHA!

Coincidentemente, hoje, por volta das 15:30 horas, vinha caminhando tranquilamente pela rua, cuando, a uma certa distância na retaguarda, ouvi um som distante se aproximando, logo pensei de mim para mim mesmo: "não pode ser!"

Mas, era!

Reduzi o passo e fiquei observando para ver o que por ali fazia!

Parou o veículo e logo desembarcou o homem!

Altura mediana, de tez branca, aparentando entre 29/30 anos, trajando o que? Uma bermuda branca, uma camiseta branca e preta, destacando-se um símbolo de um clube famoso de futebol, que todo mundo sabe...

E infelizmente, ao observar tal cena, só uma coisa pude dizer:

"Tinha que ser!"

NEM SEMPRE A HISTÓRIA CONTA TUDO: IDI AMIN DADA!

Estava lendo alguns artigos antigos sobre o comportamento de alguns ditadores e fiquei surpreendido com alguns detalhes, que outrora nunca os tinha observado!

Verdade que cada grande ditador, tiveram lá seus motivos para se tornarem no que se transformaram. Verdade, motivos pueris muitas vezes, mas, para suas justificativas, serviam!

Esse conceito vale perfeitamente, para SADDAN HUSSEIN, MUAMMAR KADHAFI e também para STALIN!

Este último, foi tudo de ruim, inclusive, ladrão de banco, era bandido mesmo, só mudou de lado e ganhou o apoio pleno daqueles que outrora os perseguia!

Quanto a SADDAN, nasceu em aldeia, foi sacrificado, sofreu e no final, sua mente e seus ideais se corromperam!

KADHAFI, acredite, um dia, no começo de seu poder, chegou mesmo a ser a esperança de seu povo, que acreditava que ele seria um revolucionário do bem. Rico, enlouqueceu. O poder, o dinheiro e a fama, corromperam seus pretensos ideais. Se é que ele, um dia os teve.

É simplesmente inacreditável, como um homem, que fora pobre, que surgiu das camadas mais miseráveis da sociedade, que viram seus irmãos de sangue e de raça, tombarem de fome ou serem abatidos a tiros, conseguirem o poder e ao invés de melhorar a situação da população, fazem tudo o contrário. Eu até entendia, se fossem políticos brasileiros, mas, não o são e isso eu não consigo compreender!

Quanto ao IDI AMIN DADA, realmente também cometeu lá suas maldades, mas, levando-se em consideração, onde viveu, onde nasceu, de onde passou os seus primeiros tempos de infância com sua mãe solteira, perambulando, entende-se porque se tornou tão revoltado!

É preciso levar em consideração sua cultura tribal!

Quase selvagem, ingressou no exército, sob orientação dos ingleses foi galgando postos até chamar a atenção por sua dedicação, disciplina, tática e força bruta, disposto a tudo para cumprir ordens e sublevar manifestações. Ele era o homem certo!

Infelizmente, o poder também mudou seu caráter!

Mas, além de fazer o que todo ditador que se preze faz (que é oprimir, torturar, matar) ele fez mais. Ele simplesmente, submeteu os ingleses a sua autoridade, fazendo-os carrega-lo numa liteira e se ajoelharem ao seus pés e chamá-lo se senhor!

Então, o grande diferencial entre os outros ditadores e IDI AMIN, é justamente o fato, dele, simplesmente ser negro!

Não foi muito mais odioso e detestável que um monte de outros autocratas, mas, o fato de ser de tez preta e ousar humilhar os ingleses, deixou o mundo enfurecido! Como ousou...

Mas, alheio a questões raciais e este não é o objetivo (pelo menos nesta oportunidade) dessas curtas linhas, e voltando-se mais para o transtorno ocorrido na mente, devido a exposição a determinados fatores que causam verdadeiros traumas quase inexplicáveis à sociedade e as pessoas, quais são a fome e a miséria, tudo de ruim, que veio depois, com certeza foi em consequência disso!

Logicamente, para a perfeita sincronização de todos esses fatores para gerarem uma ditadura e opressão, o caráter individual de cada homem daqueles, cheio de rancores, contribuíram muito mais que setenta por cento das probabilidades!

IDI AMIN DADA, nasceu em Koboko, Uganda, aproximadamente entre

1923/1925 e faleceu em Jeddah, Arábia Saudita, em 16/08/2003, entre seu nascimento e morte, muitas coisas aconteceram, muita "água passou embaixo da ponte!"

Filho de mãe solteira, esta, foi morar com um soldado britânico nas dependências de um quartel, onde o tal soldado, objeto de "gozação", pelos seus pares, obviamente por viver em regime de concubinato com uma negra e seu filho também negro, desistiu e os expulsou de sua vida.

Passou toda espécie de privação em companhia de sua mãe. Cresceu aos trancos e barrancos, entrou no Exército, indo

direto trabalhar como ajudante de cozinha, mas,
seu futuro começou a partir daí.

Com 1,90 mts, de altura e
110 quilos, lutador de boxe, foi campeão por
Uganda...

Mas, apesar de ter vencido,
superado, dominado, o ódio por seu passado,
permaneceu escondido em algum lugar de sua
mente até ressurgir num futuro distante!

E como resurgiu...

Mostrou a que veio e porque
veio!

A chamada "criatura" voltou-
se contra o "criador!"

Na verdade, o sentimento inato contra a rebelião dos escravos, dos cativos, dos negros, vigora desde que se tem notícia sobre a humanidade!

O diferencial é que em Roma, Grécia, e em outros povos, todos eram submetidos as mesmas desditas e com o passar dos anos, voltou-se exclusivamente para os homens de tez negra!

Assim, quando um negro coloca-se numa posição de destaque, é alvo de perseguição, quer haja para o bem, quer seja objeto do mal, como parece ter sido o caso, do ditador africano!

<u>O QUE UM HOMEM É</u>

<u>CAPAZ DE FAZER POR UMA PAIXÃO?!</u>

(não correspondida)

Não satirize, a coisa é muito séria.

Aliás, muito mais séria do que você seria capaz de imaginar, de modos que, depende da paixão e principalmente, depende do homem (no caso desse sentimento envolvendo força física propriamente dita, é verdadeiramente, peculiar ao homem) cujo "coração" fora atingido pela paixão!

Mas, em mãos, à moda antiga, tenho um gigantesco exemplar, do bom e velho "Aurélio", onde consta, "paixão": 'sentimento ou emoção levados a um alto grau de intensidade, sobrepondo-se à lucidez e a razão"(...)

Não precisa mais.   É isso, em suas proporções normais!

Além disso é loucura, posse, desejo, desequilíbrio, insanidade!

Mas, nem tudo está perdido para os excessivamente apaixonados, de cujo rol, eu encabeço   a lista. Existe duas notícias para amenizar a situação, embora nenhuma delas seja excessivamente boa.

A primeira delas, é a seguinte: "ninguém morre de paixão!" (alguém deve ter morrido, é claro, como toda regra a uma exceção, mas, fixemos a lógica, simples da coisa)!

A segunda notícia é um pouco pior que a primeira: "a paixão não tem cura!"

Então, alguns perguntarão: "então, eu passarei a vida me apaixonando?"

A resposta é simples. Se for um ser humano normal, nascido de uma mulher e de um homem, conviveu socialmente seguindo os parâmetros do meio, você estará propenso(a), a ficar se apaixonando...

E como sabe-se que um sentimento é paixão ou amor?!

Somente com o findar da experiência, somente com o findar do sentimento!

No casamento, é muito mais identificá-lo, e os casados sabe do que estou falando, já os solteiros, terão um pouco mais de dificuldade para identificar!

Como mistura uma série de sentimentos, comportamentos, etc., pode até ser caracterizada como um vício...

Mas, tudo tem seu limite. Tudo tem seus conformes, ir além, não vale a pena!

Apaixona-se hoje, frustra-se amanhã, o objeto da paixão cai em desgraça e a vida segue, mas, não foi isso o que pensou aquele americano apaixonado, cujo nome, não importa muito, mas simplesmente o extremo de sua atitude, por não aceitar ser preterido pelo objeto dos seus desejos!

Vou contar exatamente o que aquele maluco fez!

Com certeza, o seu caráter já era meio suspeito e bastava um "incentivo" para despertar a ira guardada em seu íntimo e em sua alma tresloucada!

Sua grande paixão, objeto perdido de suas loucuras, moça linda, de boa estirpe, educada, mas, materialista (muito ao contrário da maioria das mulheres, que só pensam em "amor!!"

não é verdade?)

Ao constatar que seu pretendente

John (chamemos-lhe assim) era de classe social

inferior, não possuía um carro do ano, nem um

diploma em HARVARD, nem uma casa para os

finais de semana nas adjacências de MORGAN

HILLS, na Califórnia, EUA, dispenso-o

sumariamente, aqui no Brasil, em termos menos

clássico, mando-o catar "coquinhos!"

Essa rejeição deixou John

simplesmente furioso. Furioso?

Não! Embrutecido! Revoltado!

Enlouquecido!

Ele usou bem daquele axioma que diz: " vingança é um prato que se come frio!"

Passei a vida, tentando entender o significado disso e somente agora, próximo a meia idade é que consegui!

Muito bem o que ele fez?

Isso é real, não é ficção não!

O que ele fez?

Foi estudar (com certeza não entrou em HARVARD), mas, queria apenas um diploma. Formou-se com altivez e destaque. Passou a exercer a função de advogado, galgou ascensão em sua carreira. Conquistou algum patrimônio, comprou carro, casa e elogios. Isso tudo, com o qual intuito?

Sim, com o intuito de atrair a atenção de sua doce amada, depois de anos, de desprezo e "foras!"

Com efeito, quando ela viu aquele antigo homem, transformado em um novo homem (principalmente com uma conta bancária e um carro do ano), não teve dúvida, "começou a lhe dar 'bola!"

Conquistou-a, sabe para que?

Para dias antes de se casarem ele a dispensar e foi justamente isso que ele fez, deixando-a completamente arrasada!

Mas, daí em diante extrapolou!

O cara "viajou!"

Frustrado, colocou na cabeça que não havia mulher decente na face da Terra e todas mereciam "morrer!"

E no que se transformou?!

Num matador em série de mulheres, ou se preferirem como o termo é mundialmente conhecido: "SERIAL KILLER!'

Eu acredito que sua tendência ao assassinato, antecedia seu desejo por paixão, apenas inconscientemente, talvez, usou de tal subterfúgio para assumir quem realmente ele era: um sociopata!

Diferente, do psicopata, que apresenta alguns distúrbios vez ou outra, o outro, não apresenta nada, mas, quando "desperta" é de uma maneira que a sociedade dificilmente esquecerá!

<u>**CARÁTER É ALGO QUE TAMBÉM NÃO SE PÕE À MESA!**</u>

Assim como a beleza...

Mas, ao contrário dessa, que faz questão se mostrar, o caráter é algo, completamente misterioso e profundo, escondido e camuflado das "massas" perquiridoras que somente deseja satisfazer-se, sem compromisso com o semelhante, com o futuro, exceto o presente!

Caráter é algo intrínseco(?)

Sim, ou seja, qualquer um pode possuí-lo desde o mais tenebroso mendigo, quanto o mais potente milionário!

E não raras vezes, vê-se claramente entre alguns ricos, exemplo de humanidade e entre alguns mendigos, exemplos clássicos de egoísmo e desonestidade. Infelizmente ou felizmente, esses casos são raros, ainda, porque a miséria, tende a aproximar os homens e a riqueza tende a distanciá-los. Nem entre os próprios pares há segurança, somente desconfiança!

Em outras palavras quer dizer, que existem seres que mesmo nascido em "berço de ouro", sua tendência e seu caráter, forçosamente o conduzirão para o crime, ao passo que outros tantos, nascidos na miséria, apensar dos inconvenientes, serão homens de bem! (ainda bem).

Mas, fato é que, algumas pessoas necessitam passar por momentos desagradáveis em suas vidas, para testarem seu caráter. Que digo? Algumas pessoas, mesmo passando por terríveis sofrimentos, superado a fome, a limitação social, o preconceito, a sátira, o ódio, etc, ao conseguirem vencer na vida, tornam-se também, eles mesmos: "déspotas!

Quando, pelo menos nesse caso, o cômputo das probabilidades é que pelo menos fosse um sujeito normal e não mais um fruto do mal!

Mas, é o que acontece com as pessoas. Em qualquer lugar que se olhe, inclusive nos dados históricos, existem centenas de relatos de seres, que praticamente enlouqueceram quando se viram possuídos de algum bem material, ou cercado de algum poder!

Me perdoem sinceramente alguns fãs fervorosos historiadores, mas, é possível, é crível, aceitar como imperador (presidente, governante): um Nero? Um Calígula; Um Heródes? (eram três... três, não valia um).

É certo que a um povo bruto, os métodos de dominação, eram menos sofisticados, hoje, apesar dos "sujeitos" investidos de algum poder, continuarem com o mesmo despotismo, nepotismo, etc., propagados como princípios de democracia, procuram amenizar a desgraça...

E o UFC sem limites, o Boxe, a pancadaria no jogo de futebol é o máximo que se vê de sangue em competições esportivas, enquanto no passado, havia prazer em ver pessoas morrerem e o sangue derramar-se para o lazer dos imperadores e seus sequazes!

O sujeito mau-caráter, seja rico ou seja pobre, está à olhos vistos em todos os lugares, todos podem vê-lo!

E isso ainda não é tudo!

Uma dose desse veneno (mau caráter), aliado a desigualdade social, maldade e desejo de possuir bens materiais, sem fazer qualquer esforço, gera aquilo que toda sociedade atual, mais tem medo: a criminalidade, objeto de algum capítulo mais adiante, tal a gravidade!

E também, nesse caso, não há que se falar fulano nasceu assim e virou aquilo, pois, há exemplos vários daqueles que superam, no entanto... é sem dúvida, a miséria, a fome, a discriminação, etc., um desencadeador, sem dúvida, da loucura, da morte e do crime!

<u>**PREDISPOSIÇÃO CRIMINAL!**</u>

O negócio é muito sério!

Assim como existem pessoas francamente predispostas a serem drogadas, algo como que uma necessidade orgânica/espiritual, para além de adquirir, manter o vício, mesmo contra a vontade do autor, existem aqueles que nasceram, predispostos a praticarem o mal, não importando: qual sua etnia; qual sua classe social; qual sua orientação sexual; qual o seu gênero; qual o seu partido político, etc.

Baseado nesse conceito e após muita observação, é forçoso concluir que há homens (e mulheres, logicamente), que mesmo nascidos no seio da mais abrupta miséria, não desenvolverão os instintos pelo roubo, pelo assassínio pela desonestidade e nem terá consigo, um "poço" inesgotável de subterfúgios criminosos.

Embora, é claro, todo esse ambiente, seja propício ao crime e não quer dizer, infelizmente, que não seja também o seu berço, é verdade, mas, geralmente, à regra, nesse caso, vale muito bem!

E há logicamente o caso dos homens nascidos em berço de ouro, que se tornam propositadamente, em finíssimos criminosos. A sua propensão, o seu mais íntimo desejo, o impele a tentar a todo custo: "a passar a perna" no semelhante, na sociedade, sempre em benefício dos seus (familiares) em prejuízo do próximo. Que se dane o próximo!

E não é preciso ir muito longe, para entender muito bem essa nuança, veja-se, por exemplo, um dos mais recentes procurados pela INTERPOL, o PSM, veja-se, se há a necessidade de um homem nascido muito bem, frequentador de boas escolas, nunca ter passado fome, nunca ter tomado o metrô das sete da manhã ou cinco da tarde, ser completamente desonesto.

Mas, é como uma espécie de vício, um desejo interno de possuir e um pavor do futuro, em vista de serem materialistas e só acreditarem no presente, em amontoar, guardar, poupar, para não faltar!

Outro exemplo, é o ex-juiz federal, NICOLAU, conhecido por "Lalau". Existe alguma desculpara para um indivíduo que ganhar atualmente algo em torno de no mínimo trinta, quarenta mil reais, por mês, fora os benefícios, se apropriar indevidamente do erário público?

Existe alguma justificativa para um homem já rico, desviar dinheiro público para seu uso pessoal?

Só uma justificativa: o vício!

Não conseguem olhar em torno e verem quantos desgraçados sobrevivendo a vida toda, com um salário mínimo. Quantas crianças famintas, quantos velhos abandonados, quantos desgraçados emaranhados em vícios propriamente ditos, bebida, droga, etc, cuja alguma fração, do dinheiro desviado, poderia lhes fazer imensamente bem...

A predisposição, antecede até a concepção(?!)

Sendo assim, é possível imaginar que o indivíduo com essa tendência, desde o ventre já carrega esse fardo criminoso!

Aliás, fardo, para a sociedade, "prazer" é claro, para esse clã e essa "irmandade!"

<u>**SORTE GRANDE!**</u>

Parodiando o título da cancioneira popular, é isso mesmo!

Sorte grande, tiram os políticos desse país, pois, do Iapoque ao Chuí, a população brasileira, é completamente satisfeita!

Os mais ricos se contentam porque a economia sempre lhes favorecerá e eles ficarão cada vez mais ricos e os mais pobres, afastados dos meios de comunicação e sem acesso a educação, não oferecem nenhum perigo, uma vez que não oferecerão resistência e nem contestação!

Entreviste um a um e eles serão unânimes em afirmar, que se existe um lugar num mundo terrestre, onde um político pode reinar, esse lugar é o Brasil!

A única coisa que amedronta mais ou menos o político nesse país é o medo da morte, pois, embora, muitos acreditem na vida após a morte, à regalia que desfrutam no poder temporal, em lugar nenhum do espaço sideral, vão usufruir, eis porque lhes causa medo o passamento!

E àqueles que não acreditam em absolutamente nada, além do que são, sofrem, desmesuradamente, porque o seu ego e o desejo de ser melhor que o semelhante lhes tira a paz e o sono, toda vez que imagina, que inevitavelmente um dia... (se Deus quiser) TUDO VAI ACABAR!

O povo e a população brasileira como um todo, é a mais "perfeita massa de manobra" da face da Terra, bastante um aspirante ao poder ser branco, pertencer a classe social dominante, possuir um diploma universitário, falar algumas doces palavras, etc., e toda uma montanha de CORRUPÇÃO, de mentiras, de desvios, não significa absolutamente nada!

Na Capital mais importante do país, um político foi reeleito para governar fundamentando seus projetos em deslavadas mentiras. Todo mundo gostou, acreditou (ou fingiu acreditar), somente para colocar lá, um candidato que diz aquilo que ele quer ouvir, sem fazer nada para garantir, que fará alguma coisa do prometido!

Ganhou aquele que disse: "mais metrô!"

Aonde?! Na Rússia Governador?! Nos Estados Unidos? Na Inglaterra?!

Pois, esse aqui, faz anos, que está transportando essa gente, como se fosse gado de corte. Aliás, gado de corte clandestinos, conduzidos para um matadouro informal, sem selo de garantia!

E esse mesmo trabalhador, roubado, estuprado, violado em seu direito, é ele mesmo que vai garantir mordomia ao reeleito homem, por mais 4 anos, enquanto ele, vai amargar mais quatro, andando a pé e transportado num vagão que cabe duzentos, com mais quinhentos!

E a água?!

"Não se fala em racionamento! "Eis suas palavras, com o maior cinismo possível e o que é pior?!

Parcela dessa população, inclusive, os mais carentes também, ousam acreditar!

Acreditam por que?!

Porque eles não imaginam que um político (pelo menos os brasileiros), não tem nenhum compromisso com a verdade, com a liberdade, com igualdade, quiçá pela Democracia!

Um político que se preze aqui no Brasil, não pode criar nenhum projeto que gaste algum dinheiro destinado à viagens ao exterior!

Político aqui no Brasil, não tem compromisso nenhum Deus, talvez muitos, façam pacto com o diabo!

Acreditam, pois a maioria desses políticos, senão todos eles, são destituídos daquilo que faz o homem olhar o semelhante e tratá-lo como se fosse ele mesmo ou um membro bem amado de sua família, ou seja, a consciência!

Para o político brasileiro, não importa quanta gente morra de fome, quantas crianças caiam na prostituição infantil, no trabalho escravo, etc., uma vez que sempre haverá a desculpa de que é sempre culpa da... gestão anterior!

<u>**SE TUDO TIVESSE BOM**</u>

<u>**TUDO ESTARIA BEM(?!)**</u>

Como assim?

Se tudo corresse às mil maravilhas eu confesso, seria o primeiro a ficar enaltecendo os feitos da humanidade, não questionaria absolutamente nada e seria o primeiro a ficar calado!

Mas, ainda assim o problema está comigo mesmo!

Veja por exemplo, esses senhores, olham em torno, e pouco se importam com o de amanhã, desde que tenham garantido seu bem estar!

Nada lhes emociona, nada os tira de sua "felicidade", uma vez que tudo lhe é favorável, então, o que importa?!

Mas, nem tudo está bom, assim, nem tudo parece estar bem!

O povo brasileiro é bom?

Não, não! É muito mal informado e conformado!

O brasileiro, não se assemelha a um asno, não, ele é exatamente igual a um burro de carga, não possui capacidade de reação, nasceu para ser dominado. Perfeito a frase do cantor: "(...) e vida de gado, povo marcado êh, povo feliz!"

Povo feliz, apesar de toda limitação! Opressão!

Não esboça qualquer reação. Igualzinho ao "burrico" transportador de grandes cargas, no interior do sertão, não consegue dizer: NÃO!

Primeira questão que vem à tona: "como é possível um ser sobreviver com um salário mínimo igual ao pago no Brasil?"

Como é possível o indivíduo ingressar numa boa Universidade Pública, se as vagas já estão reservadas e o ensino básico é uma verdadeira calamidade e nem todos são jogadores de futebol?!

Como é possível um sujeito se conformar tranquilamente com a espécie de saúde oferecida pelo Estado, se este tem a obrigação de favorecer o povo e a população? Por que?

Porque, o país que mais cobra impostos no mundo, seria uma questão de honra oferecer algo de bom para os cidadãos, mas, ao contrário, não oferece absolutamente nada!

Mas, desde que a televisão aportou no Brasil, acabou a obrigação do governo prestar contas de verdade e dar satisfação?!

Bastante, decorar a pauta e... atenção: luz, câmera, ação e...

Pronto tá tudo resolvido!

Com efeito, eis o produto final: "nunca se fez tanto em tão pouco tempo!' O Governo pensando em você!' Mais metrô! (aonde?) Mais água! Mais saúde! " etc. etc.

Por via das dúvidas e pela má informação e formação, a população conclui: será?!

E no jogo da dúvida, o governo é vencedor. Não faz absolutamente nada, mas, vende como se fizesse a cada minuto, absolutamente tudo!

Assim, já que se fala bem como nada, nada é feito de bom e as coisas ruins, são constantemente jogadas para debaixo do tapete eu, ouso, colocar a mão na ferida e esses homens aí felizes, reclamam!

FRONTEIRA: QUAL O LIMITE?

Não é novidade para ninguém o que significa essa palavra e quais os limites que ela estabelece!

As implicações que ocorre quando se lhe ultrapassa também, não passa desapercebido a ninguém!

É só observar-se o que ocorre lá na fronteira dos Estados Unidos com o México. Dois países limítrofes, mas, completamente diferentes.

Economias estranhas, desigualdade social nada semelhantes, cultura, religião, pessoas, etc., totalmente diferentes!

Violada uma das regras que estabelece os limites de fronteira entre aqueles países, esta feito a tragédia: prisão, deportação, multa e os que conseguem permanecer (geralmente, em território americano e não vice-versa), são discriminados!

Na verdade, estabelece, a fronteira entre um país desenvolvido e um país subdesenvolvido. O chamado, "primeiro mundo!"

Porém, isso não é privilégio somente dos americanos, houve também o "muro da vergonha" (aliás, não sei por que o da vergonha), levantado a partir da derrota da Alemanha Nazista.

Assim, ficaram estabelecidas: Alemanha Ocidental e Alemanha Oriental!

A Ocidental e a Oriental!

Basicamente dona da economia, a Ocidental era a "prima rica", enquanto a oriental, a comunista padecia. Aliás, não sei qual fora o critério de separação, mas, ficou dessa maneira: um mesmo país dividido um rico e um pobre!

Houve também a Muralha da China, cuja extensão, importância, largura, mereceria um livro só para si, pela quantidade de homens que nela trabalharam e morreram e a mão de obra que deu, par impedir a entrada de invasores, etc.

Mas, nem sempre as fronteiras, possuem demarcações tão rígidas e FÍSICAS, há países muito mais tolerantes, mesmo na Europa. Mas, não há tolerância maior do que os países da América do Sul, principalmente o Brasil, o centro do continente!

Brasil é uma festa: todo mundo entra e todo mundo saí sem nenhuma importunação!

Por vários motivos, as fronteiras do Brasil, são completamente abertas e não só pela corrupção não!

São espaços continentais!

Não há homens! Não existe infraestrutura! Investimento! Vontade política para um maior controle maior...

Grosseiramente comparado é o que ocorre com as fronteiras que dividem o bem e o mal, o homem de bem e os outros não tão de bem assim!

Um passo em falso, ou melhor, um passo adiante na fronteira do crime e o retorno torna-se basicamente impossível!

Porque não trata-se simplesmente de uma mudança de lugar, um passo adiante a um local proibido, não!

Fala-se de uma mudança de caráter!

Violou, passa-se inevitavelmente a ser homem mau!

Me refiro a atos criminosos e não necessariamente a falhas de caráter!

E qual a diferença entre ambos?!

Os atos criminosos, geralmente visam a conquista de algum bem material, no final, independentemente dos meios a serem usados, ao passo que a falha de caráter é algo como um impulso difícil de controlar, geralmente, o grande prejudicado é o próprio desgraçado!

Por exemplo? A teimosia! O Egoísmo! A ambição! O ódio! A violência!

<u>**O MEIO QUE MAIS CORROMPE**</u>!

Todos os dias eu agradeço a Deus!

Agradeço a Deus, por existir os políticos e eu estar no Brasil!

Eles são parte de minha inspiração e um grande motivo para eu nunca parar de escrever e criticar!

O ódio que eu sinto de todo e qualquer político, me impulsiona à frente, conduz minha vida adiante sem titubear... e quando eu penso em abrir mão da escrita e de criticar, eis que surge um novo político ou uma nova corrupção e eu não consigo parar!

Santa abençoada fonte de inspiração infinita!

Motivo para escrever a partir deles nunca deixará de existir: nunca existirá um político honesto, que pensará no povo!

Nunca um desses homens se candidatará, pensando em fazer algo em prol da comunidade, da sociedade, da educação!

Em todo e qualquer segmento do Brasil, publico, privado, misto, etc., existe sempre a tendência a corrupção!

Como espécie de herança maldita dos nossos antepassados, existe esse infeliz propensão!

Em determinado momento, por circunstâncias inusitadas um empresário se corrompe, principalmente quando tem que pagar propina para alguns integrantes do governo para deixarem "tocar" seu em paz!

Um gerente de banco não resistindo a tentação e sede, por exemplo, após um roubo (não é senhores gerente), colocar mais duzentos mil, trezentos, um milhão na conta dos "assaltantes!"

Em todo seguimento!

Propenso também está o policial, obrigado a lidar com as escórias sociais e automaticamente, o péssimo salário pago aqui no país, para assumir uma profissão estigmatizada, um "dinheirinho extra", sempre é um grande (e desonesto) incentivo...

Todos eles sabem, no entanto, que a continuar com o mau ofício, dia menos, se não mudarem... "a casa cai!"

Entretanto, isso não acontece com os políticos.

Ou melhor, só muito, muito raramente alguma punição lhes sucede!

Como diria uma frase do Pe. Antonio Vieira, num de seus célebres sermões: "aqueles, roubam e mandam enforcar!"

Isto é, além de criarem leis para punir o semelhante, ainda aproveitam para "tirar" algum proveito. Afinal, "ninguém é de ferro!" (ou seja, ninguém é incorruptível).

Não há!

Não existe, ouça bem, outro lugar onde o homem e a mulher estão tão propensos a se rebelarem (se assim me posso expressar), contra os bons costumes: os bons princípios!

Muitos até, entram lá, "cheios" de boas intenções, rapidamente arrefecidas por causa de alguns milhares de Euros e Dólares (eles não gostam da moeda brasileira e muito instável) oferecidos gratuitamente!

Destituídos do verdadeiro caráter que mantém um homem digno em sua diretriz: amor a Pátria, amor a família, respeito ao semelhante e o principal de tudo: TEMOR A DEUS!

Nada desses argumentos atuando em suas medíocres vidas, são presas fáceis da ignomia e ambição!

Terreno fértil para o desenvolvimento de "ervas daninhas!" em prejuízo das árvores frutíferas, que tanto necessita a sociedade brasileira!

Diante de todo esse trágico quadro, é forçoso chegar-se a uma única conclusão: é o meio que mais corrompe!

E chegar-se forçosamente a uma outra espécie de especulação, a respeito de como pensa um político: "quatro anos, só... então vou aproveitar, para tirar dinheiro, enquanto eu puder tirar!"

<u>O PROBLEMA DO CRIME!</u>

Ainda bem (se é que assim me posso expressar) que o problema do crime propriamente dito, não é privilégio só do Brasil, pelo mundo inteiro a coisa progride!

Que digo?

As coisas são bem piores lá fora.

Isso não quer dizer que o brasileiro (talvez, o criminoso) seja especial e mereça lugar de destaque. Não! Não é o caso!

Aqui (no Brasil), existem criminosos com o mesmo ou maior potencial ofensivo, do que aqueles que cortam a cabeça do semelhante à sangue frio, simplesmente porque acredita que vai ser salvo por "ALÁ!"

Pela falta de oportunidade, os criminosos contumazes atuam em outros campos, mais de acordo: latrocínios; assassinatos; furtos; estupros; golpes diversos; crimes do colarinho branco (embora muitos executivos não gostem tanto assim de água), etc!

Surgiu a oportunidade, o brasileiro, torna-se um criminoso igual. Quer saber?!

Nas FARCS (colombiana) e na famigerada "Al Khaida!"

Lá estão eles, representando (às avessas, é claro), as cores verde e amarela!

Mas, no geral, a humanidade, devido mesmo, a sua própria condição, não pode sobreviver sem crimes!

Por mais estranho, paradoxo, incoerente, que se apresente essa teoria, é a mais pura verdade!

Mesmo algumas pessoas, defensoras em potencial da paz, são, indiretamente também culpadas pela propagação da criminalidade(?!)

Sim, a partir do instante, ouça bem, que o indivíduo(a) só pensa em si e nos seus, está "passando a perna" em alguém e mais na frente será cobrado!

Nem me pergunte sobre os mecanismos da cobrança e etc., que não o vou responder, mas, por experiência, tenho observado que as coisas são assim. Não ver quem não quer ver!

Para combater o crime, a criminalidade e o criminoso é inútil investir em construção de presídios, investimento em material bélico, contratação de homens, maior letalidade, , etc. Não adianta nada disso!

Acontece, ainda que inconscientemente, o que ocorria com os Nazistas, integrantes daquelas forças. Para eles, era inimaginável sobreviver sem guerrear: **"Na guerra eterna a humanidade se torna grande - na paz eterna, a humanidade se arruinaria."** *(Adolf Hitler)*

Impossível combater o crime, sem investir na doutrinação do caráter dos seres e pode acreditar, isso mão é somente um trabalho do governo!

Ao longo da história do mundo, a Terra tem "ajudado muito as pessoas a voltarem-se para o caminho do bem e o que é pior, infelizmente, nunca aprendeu-se muito coisa!

De um avanço tecnológico surgido, a decadência moral e espiritual cresce,

cresce assustadoramente! Criou-se, inclusive, o "3º. Sexo!" , o qual, me recuso a entrar em detalhes!

Todas as civilizações anteriores a esta, não resistiram. Sucumbiram as suas inevitáveis falcatruas!

Razão pela qual, acredito sinceramente que com esta não poderia ser diferente!

E quantos seres que passaram aqui pela Terra alcançaram o apogeu da tecnologia?!

Há quanto tempo, o homem moderno voa em "Boeing?"

Pois saiba, que num livro documentário, nominado "O HOMEM ETERNO!", de Louis Pauwels e Jacques Bergier, relata-se que alguns arqueologistas, acharam em uma determinada escavação, algo que eles acreditaram ser um objeto no formato pré-histórico, similar a um pássaro!

Passado algum tempo e após investigações sucessivas, chegou-se a seguinte conclusão: aquele objeto tratava-se de um aeroplano, datado pelo sistema de "carbono 14", (que pode datar até 25000), de 10000.

Gostaria imensamente, de observar a humanidade progredir, tomar consciência de sua situação no tempo e no espaço, os ladrões, os criminosos em geral e os políticos corruptos, entenderem que precisam agir diferentemente, então é possível restar alguma esperança!

VERDADE, ÀS VEZES É MELHOR PERMANECER OCULTA!

Não, a verdade tem que ser dita...

Errado. Em muitos casos melhor permanecer oculta, assim ninguém fica contrariado, a amizade de muitos permanece igual, ninguém se fere e a vida continua!

Qual, por exemplo, uma dura verdade?!

Uma verdade amarga?

Muitos nasceram para ser operários, trabalharão a vida inteira, jogarão na mega sena, super sena, loteria esportiva, comprarão o carnê e aquele "titulo" do Silvio

Santos e nunca sairão da miséria... então, pra que revelar certas coisas?!

Uns, (mal comparando, é claro com um animal) nasceram para ser cavalos puro sangue, outros, cavalos marchadores, outros ainda, cavalos de corrida, velozes e furiosos...

Enquanto a grande maioria, serão simplesmente, a vida toda, míseros pangarés, cuja passada, se alguém andar por dez minutos, ficará dez meses acamado, com dores em toda estrutura espinhal!

Outros ainda, ainda pior, serão apenas alguns meros asnos, cujo trabalho e força é grandemente enaltecido, mas, sua condição

inferior na escala dos equinos, o torna, uma vítima
inevitável, do preconceito quadrúpede!

Voltando ao reino dos humanos, existe pessoas, que sem esforço algum, (inclusive, por herança de berço) tudo dará certo, materialmente falando, qualquer investimento que faça, fluirá dinheiro, enquanto outros, não terão tanta sorte. Isso, para não afirmar que terão um "mar de azar" a existência inteira!

Partindo dessa premissa, certas coisas, inclusive a verdade, é melhor permanecer em seu canto quieta!

Em partes, é verdade, a teoria dos ricos de que a crença, a fé, são argumentos dos pobres e miseráveis que não tem que se preocupar com "WALL STREET", por exemplo!

Mas, justamente aí está o "x" da questão!

Ou o Universo foi criado, para abrigar duas espécies de sociedade (pelo menos nessa condição humana, não entrando nessa contabilidade os habitantes de outros planetas, os ETs e os espíritos...), ou seja ricos e pobres, ou é tudo igual!

Eu, avaliei e cheguei a uma outra triste conclusão e nesse caso, os ricos, poderosos e políticos, não vão gostar muito da elucidação!

Quem criou Júpiter, o Sol, a Via Láctea e outros quaquilhões de planetas é exatamente o mesmo!

Assim como quem criou os homens e seus futuros anjos também é exatamente igual!

Então, essa lesminha horrorosa, que encontrei no chão do meu banheiro outro dia, tem o mesmo valor para Deus que o SADDAN HUSSEIN, o JOHN TRAVOLTA e o FAUSTÃO?!

A resposta é dura, mas, é sim!

Quiçá diferença de classes sociais, de etnias, de profissão... Não as há!

Mas, no geral, a verdade vive muito bem, quando ela é bem discreta e permanece intocável, mas, sem ser trazida à tona!

Sob esse aspecto na arte de esconder e dissimular, muito melhor, consultar os consultores do mundo, nossos professores políticos!

O QUE VOCE É: UM CORPO NUM ESPÍRITO...

OU UM ESPÍRITO NUM CORPO?!

Qual a diferença?

Um corpo num espírito é muito fácil de se entender, bastante olhar em torno!

Um espírito num corpo não adianta olhar em volta, a quantidade é ínfima!

Em termos práticos pode-se considerar um e outro, todos os atos praticados por um em detrimento do outro!

Mas, ainda que inconscientemente, sem o perceber, agindo de tal forma ou qual maneira, algumas pessoas demonstram a que vieram ter!

Em resumo: um é voltado para a sensibilidade outro é completamente voltado para a matéria!

A um, falta a espiritualidade; a outro, sobeja a vibração corporal!

No entanto, como nesse mundo as regras são confusas, existe `aqueles, praticamente denominados espírito no homem, agindo em conformidade com semelhantes princípios, os quais, às vezes cometem atos dignos de pena, enquanto tantos outros, talvez instintivamente, agem como se fossem espirituais!

Porém, não há duvida para entender quem faz parte dessa ou daquela categoria!

Infelizmente, a grande quantidade de ricos e a imensa maioria de miseráveis que vivem somente à procura da sobrevivência, a sua maneira, entenda-se bem, vivem bem distante do comportamento que seria um adequado, para viver-se relativamente melhor!

Há algo mais!

Isso acima exposto, nada tem a ver com religião!

Nada tem a ver necessariamente com o comportamento das pessoas, dada a condição extremamente profunda que ocupa na hierarquia da vida!

Um exemplo típico da predominância do corpo sobre o espírito, ultimamente é muito fácil de constatar nos noticiários policiais, onde seres humanos ou "coisas" similares a isso, causam danos irreparáveis ao seu semelhante, sem piedade, sem clemência e sem remorsos!

São claras as evidências: é como se olhássemos para um corpo vazio!

Imagine!

Pegue-se um desses criminosos e os coloque num posto de destaque para trabalhar em prol da humanidade e teremos um: Genghis Khan; Átila; Julio Cesar; Calígula; Heliogábulo; Nero e dentre outros, muito mais recentemente, um Mhuamar Kadhaf; Saddan Hussein e pouco antes, Stallin e é claro Hitler e seus asseclas!

No entanto, são se isentam de uma posição muito desconfortável os políticos brasileiros!

Eles descobriram o veio de ouro!

Perceberam o que podem fazer, saírem ilesos e nunca serem colocados a julgamento!

Por seu caráter, atitudes, conveniências, pretensa polidez, etc, apesar de não perceberem, não se diferenciam muito dos asseclas do ditador... uma vez que dão prioridade ao seu bolso, ao invés de cumprir aquilo a que foram destinados!

Esquecem imediatamente, quando da tomada do cargo, que não foram lá colocados: para desviarem dinheiro publico, para viajarem com a família à passeio, às custas dos brasileiros pobres que pagam impostos!

Adotaram, enfim, a seguinte filosofia (haja vista não haver punição): PEGAR TUDO QUE EU POSSO, NO CURTO ESPAÇO QUE TENHO!"

<u>**COMENTÁRIO SOBRE UMA PASSAGEM...**</u>

Bíblica, muito pouco difundida!

Bastante esclarecedora!

Mostrando o tamanho da gratidão que os seres humanos tem para com o semelhante e a ingratidão recebida em plenitude, não foi somente privilégio de Jesus, chamado o Cristo!

Começando por essa última doença fatal, denominada "EBOLA!"

Anteriormente a temerosa AIDS e ainda o assustador CÂNCER em todas as suas espécies, são doenças poderosíssimas, as quais, curadas, motivo seria para se agradecer a vida inteira, por um acontecimento semelhante a esse!

A ingratidão, está situada num ponto da fronteira entre o mal maior e o mal menor! Sem meio termos!

Ao ouvir o relato dos milagres do Cristo, rapidamente os "pastores" tratam de o copiar. Havendo, entretanto, um "breve" diferença entre eles. A primeira breve diferença, está no que se refere ao apego aos bens materiais!

Não sei de quem a culpa maior: dos pastores ou dessa gente ignorante, que na verdade gosta de ser seduzida, gosta de ser enganada, precisa ouvir de alguém aquilo que ela gostaria de ouvir se fosse verdade!

Na época de Jesus, o flagelo era mesmo a temerosa lepra, hoje, comumente conhecida como Hanseníase. Aos primeiros sinais, o leproso era quase que imediatamente relegado, expulso da cidade e obrigado a habitar em vilas horríveis, deserdados de tudo, não recebiam visitar e viviam para sempre às expensas da sociedade, até a morte!

Muito bem!

Dez" * dessas criaturas cambaleantes, tristonhas, chorosas, maltrapilhas, exalando morte, etc., de longe, gritaram: "Jesus, se tu quiseres, podes nos curar!"

Respondeu-lhes ele: "Eu o quero. Ides vos mostrar aos sacerdotes do templo!"

E assim o fizeram.

No trajeto, perceberam que estavam todos curados, no entanto, somente um, voltou para agradecer. No caso, um estrangeiro!

Uma vida talvez, de humilhação, de discriminação, de miséria, etc., de segregação também, no entanto, nada disso foi argumento para fazer transbordar emoção naqueles ex leprosos, para sensibiliza-los e fazê-los retornar e agradecer seu bemfeitor!

11 A caminho de Jerusalém, Jesus passou pela divisa entre Samaria e Galileia.

12 Ao entrar num povoado, dez leprosos dirigiram-se a ele. Ficaram a certa distância

13 e gritaram em alta voz: "Jesus, Mestre, tem piedade de nós!"

14 Ao vê-los, ele disse: "Vão mostrar-se aos sacerdotes". Enquanto eles iam, foram purificados.

15 Um deles, quando viu que estava curado, voltou, louvando a Deus em alta voz.

16 Prostrou-se aos pés de Jesus e lhe agradeceu. Este era samaritano.

17 Jesus perguntou: "Não foram purificados todos os dez? Onde estão os outros nove?

 Não se achou nenhum que voltasse e desse louvor a Deus, a não ser este estrangeiro?"

 Então ele lhe disse: "Levante-se e vá; a sua fé o salvou".

<u>**A ÚLTIMA FRONTEIRA!**</u>

As fronteiras terrestres, sejam físicas ou não, mesmo com todas as dificuldades possíveis, não são necessariamente irremediáveis e intransponíveis!

Direta ou indiretamente, todos podem optar qual o caminho vão tomar, aliás, não tem outro objetivo isso posto, senão mostrar que sempre se há possibilidade de escolher entre o bem e o mal!

A grande questão, no entanto, é a seguinte: por que as pessoas procuram sempre o caminho do mal e por que, se assim não o fazem, não conseguem ser honestos o tempo todo?!

Àqueles que procuram automaticamente o caminho do mal, não estão preparados e NUNCA conseguirão sobreviver, junto aos outros não totalmente honestos, mas, não tão criminosos!

Acontece algo também inusitado!

Muitos não estão preparados para ouvir a verdade, razão pela qual, ainda necessitam ouvir mentiras, para sua satisfação!

E não exclusivamente mentiras prejudiciais, mas, aquelas chamadas "necessárias", para escapar-se de alguma péssima situação, ou não constranger um amigo!

"Então, como fiquei?!"

Sua colega de trabalho pergunta. Sua colega de trabalho que mesmo com 10 operações plásticas, implantes, enxertos, silicone, etc., nada, nada modificaria sua aparência...

"Nossa, você ficou ótima! Por que não fez isso antes?!"

Por que mentir assim?

Por que não falar a verdade "a queima roupa! E falar-lhe o que tem que ser dito?

Por causa do mal estar gerador e a duração do mesmo que poderá durar uma vida inteira. Para evitar...

Mas, no fundo, ambos cometem uma grande maldade!

O que pode de verdade, tornar a existência humana menos dantesca, menos falsa e mais prazerosa é justamente aquilo que ninguém quer fazer. Procurar viver a realidade, mas, consciente que tudo isso nada é!

O livre arbítrio deveria ser usado com critério, mas, usam-no como se tivessem o direito da abusar dele. E assim o fazem!

Mas, a verdade propriamente dita, é bastante constrangedora, difícil de entender e real como o dia a dia!

Feliz aquele que nessa época, consegue achar tempo para si mesmo, compreender a futilidade dos meios e a fatalidade do fim!

A morte!

A grande tragédia dos ricos o grande temor dos pobres!

E usando os mesmos argumentos de sobrevivência que se usa na atualidade, realmente, seria de causar medo e espanto!

Mas, definitivamente, ela não é nenhuma nem outra coisa, embora possa parecer, a desgraça total!

Às vezes, coloco-me a observar o conteúdo "por trás" dos filmes de ficção americanos, onde após o caos, não existe absolutamente nada, somente o vazio a continua procura por nada e vejo, quão estupidamente arraigados estão a isso tudo!

Isso é muito triste, quando

uma humanidade inteligente, não ousa, por um

instante PARAR e reconsiderar a tragédia!

UMA EQUIVOCADA ESCOLHA!

"No luxo e na pobreza eu sou'

'Antes moderar o prazer que aliviar

a dor...

Vamos supor que todos os meus dias, transcorram segundo minhas expectativas, sendo que sempre novas felicitações sucedam as anteriores. Não é por isso que irei comprazer a mim mesmo.

'Que essa situação favorável sofra mudança ou que meu ânimo seja atormentado de todos os lados pela desgraça, lutos e adversidade de qualquer gênero,de modo que cada momento seja motivo de choro, nem por isso pensarei estar infeliz. Mesmo submergido em tanta desgraça, não irei amaldiçoar um dia sequer de minha vida!'

'Eu predisponho meu espírito de modo que nenhum dia seja funesto para mim. Que significa tudo isso?'

'Quer dizer que prefiro moderar o prazer a aliviar a dor!"

LUCIO ANNEO SÊNECA-

A Vida Feliz!

O homem (e a mulher) não foram, não são e jamais serão, senhores do seu destino, nem donos de sua vida!

Se assim o fosse, em sua atual condição (de seres vivos), teria o direito a optar por todos os seus anseios, desejos, atitudes amizade, amores, cartões de crédito e conta corrente(?!)

Nesses últimos itens, seria maravilhoso, comprar, usar e deixar a cargo da vida, pagar...

A mídia atual, a tecnologia, as Ciências, etc., são, ao mesmo tempo, aliados e vilões dos humanos!

Aliados, pois, sem eles nada haveria de se conseguir, nem evoluir!

Sem os estudos seria muito difícil imaginar, como se fazer para aliviar o sofrimento dos seres humanos: o computador, o maquinário; a robótica!

Mas, por outro lado, focando-se apenas nisso e tão somente nas possibilidades e probabilidades oferecidos pela Ciência em si, sem admitir algo mais além dos tratamentos dados as ampolas e provetas, corre-se um risco de se cometer uma grande injustiça!

Se não se considerar fatores verdadeiramente genuínos embasados em como as coisas realmente devem ser, a estupidez acaba predominando e deixando a humanidade mais ignorante!

Este semana, o mundo inteiro acompanhou, o fim de uma história trágica de uma garota americana, a qual, finalmente, aceitou tomar um coquetel fatal de medicamentos e deu cabo de sua vida, não sem antes tomar o cuidado de dizer, não estar cometendo suicídio, apenas aliviando sua dor tão prolongada!

Leia-se, novamente o acima dito, pelo tutor do amaldiçoado NERO, quando explica e fala sobre sua condição humana e suas opções!

Quem gosta de sentir dor?

Quem gosta de sofrer em detrimento da abundância, amores, desejos, anseios satisfeitos?!

Ninguém!

Todo mundo gosta de estar bem, de ficar bem, um bom carro, um boa casa. Mas, condicionar a vida humana a somente essa perspectiva, transforma seres inteligentes, que tecnicamente é a raça humana em quase irracionais.

Eu sei, o quanto sofria aquela moça, mas, daí a optar pelo suicídio e dizer que não o está cometendo, equivale a algo similar: "pegar a mão, contendo uma arma carregada de cartuchos, levar até a altura da cabeça e o disparo consequente, não passou de um acidente de percurso, quando o dedo 'apertou' o gatilho e a bala saiu!"

Esse, definitivamente é o mal americano: O MATERIALISMO!

E logicamente, tanto lá quanto aqui, quando nada mais se admite, é perfeitamente plausível se acreditar ser DEUS, e dar cabo da própria existência!

<u>CUIDADO COM O QUE DESEJAS...</u>

Para não se tornar trágico, encare-se a prerrogativa, apenas no âmbito social!

Assim, existem pessoas muito boas que sofrem sem saber porque, por culpa de péssimos investimentos efetuados na saúde pública, na educação e etc.!

Pessoas que pensam que as coisas poderiam ser melhor!

Para essas minhas mais sinceras considerações!

Porém, há um outro segmento de pessoas, contra as quais não tenho o menor respeito. Essas não tem desejo algum, não querem coisa nenhuma, se recusam a pensar e se submetem voluntariamente a sistemas retrógrados, só porque simpatizam com esse ou com aquele homem público!

Essas pessoas não querem lutar, acreditam piamente em quem jamais poderiam acreditar e acham que um poderoso, seja executivo seja um grande político, vai fazer algo por elas e sua comunidade, simplesmente porque elas o deixam à vontade!

É verdade, que seguindo à risca o axioma do título, pessoas há que querem algo muito mais que comportam suas forças e sucumbem e fracassam e não conseguem lidar com o problema ou pior: não conseguem lidar com a solução(?!)

Veja-se (novamente), o caso do **Eike Fuhrken Batista da Silva,** ou simplesmente, Eike Batista, como prefere ser chamado.

Exemplo de um homem multimilionário, sem querer julgar, mas, ao que tudo indica, não soube lidar com sua fortuna, acreditou-se superior a tudo e a todos, deu liberdade demais a seu filho, acumulou muita carga e a DESGRAÇA, se abateu sobre seu império!

Pode até ser que o Bill Gates, dilapide seu patrimônio , à exemplo do Eike, por "n" motivos que vã filosofia humana, não tem condições de explicar, mas, pelo que se tem notícia, suas ações continuam em alta, seus investimentos continuam por cima e seus rendimentos estão liderando!

E assim foi com J. Rockfeller Jr., o qual chegou a ser o mais rico do mundo, fortuna conquistada, na luta, no braço, no ombro, na batalha, etc., numa época onde ainda não havia tamanha facilidade de comunicação, talvez tenha sido por isso, que se manteve tanto tempo por cima ou talvez, tenha sido justamente por isso, que o Eike Batista, conseguiu dar literalmente "a volta pra baixo".

Em suma, não basta desejar algo, é preciso desejar principalmente, condições de permanecer com aquilo que se quer e deseja. E a receita vale para mulher bonita que se apaixona e que se quer ter pra si! (sem comentários)..

Mas, voltando ao âmbito normal dos acontecimentos, aqui no Brasil, os legisladores, os manuseadores das leis tem muita sorte, as pessoas não se preocupam muito com sua desgraça pessoal, contanto que: "uma mentira seja bem contada e conduzida!"

"Mais metrô para São Paulo!", esse foi um dos "slogan" do candidato vitorioso ao governo paulista!

Eis a comparação.

Seria como se toda a populaça estivesse no Saara, numa temperatura de 45 o, graus C, e um sujeito, astuto, enganá-los afirmando categoricamente, ali tem um oásis (uma paisagem típica do deserto, onde geralmente brota uma fonte d'água, rodeada de arbustos verdes), pode seguir que você vai matar a sede!

O desgraçado vai adiante, não alcança nada, tropeça levanta de novo e o outro sujeito, ao seu lado, viajando de "troller", afirma,: "vai, vai, você vai atingir!"

O abençoado vai morrer, sem desacreditar em seu algoz, é isso justamente o que ocorre e o que ocorreu!

Não há perigo nenhum nessa gente desejar alguma coisa, pois, na verdade, eles não desejam nada, desde que se fale: "o paulista é mais feliz!" (aí eu concordo perfeitamente, principalmente o paulista que habita no planalto paulista, jardins, Itaim-bibi), mas, não se engane, nada tenho contra vocês milionários!

O que me incomoda é a passividade dessa gente!

O que me constrange é a estupidez desse povo!

MESMO QUANDO EM NADA ACREDITAVA!

Pois é, me recordo bem!

Mesmo quando eu vivia qual folha seca a rigor dos ventos...

Mesmo quando eu tinha certeza ou pensava que tinha certeza sobre algo, no fundo, nunca desdenhei a realidade!

O indivíduo para olhar em torno e continuar com uma mesma posição equivocada por toda uma vida, de duas uma: ou não possui raciocínio normal ou é muito rico para observar determinados argumentos, como dizem, pueris!

Jamais desdenhei!

No auge do desespero, é verdade, destilei algumas imprecações, mas, findo o período de aprendizado, sempre voltei ao normal e parei de descrer!

São coisas bastante claras e eu hoje, as compreendo muito melhor!

O mundo não pode ser uma moradia perfeita para espíritos completamente rebeldes!

Não vai haver paz e justiça enquanto criminosos e homens de bem caminham juntos seguindo adiante...

Não vai haver paz enquanto persistir a desigualdade social e discriminação racial!

Automaticamente pela quantidade de coisas ruins que ocorrem, há que de mais urgente! Entender que essa vida não é muito curta... Ela é miseravelmente ínfima, para as aspirações dos seres humanos, mesmo aqueles não aspiram coisa alguma!

Por isso eu nunca deixei de acreditar!

Mesmo quando eu queria crer e me fazer afirmar, nada mais haver!

Futuramente descobri outras coisas também!

Somente acreditar não é suficiente.

É ter atitudes, ponderações, pontos de vista, ações, etc., que realmente façam crer que se acredita, pois que, de hipócritas e de dominadores, o mundo já está cheio, tanto que, dessa feita, sequer vou citar algum.

Foram muitos!

Verdade. Por experiência própria aprendi, que a regalia, o conforto, etc., usados sem propósito e sem comprometimento, pode transformar um homem num "fanfarrão", preguiçoso, vagabundo, mentiroso e às vezes, canalha!

Tive um ex amigo assim!

Então meus professores (a miséria, a fome, a necessidade, o frio), acabaram por finalmente por me ensinar o bom caminho e eu entendi!

Entendi porque o homem reclama tanto da falta de vida boa, da falta de carinho, da falta de paz e porque não atinge a felicidade!

Após ter consultado através das letras, algumas figuras "ímpares", pude constatar a verdade de minhas opções e a força dos meus argumentos!

Imagino eu, que não existe ser humano com uma condição razoável de inteligência, que olhe para dentro de um esquife funerário (vulgarmente conhecido, como um caixão de defunto) e não se sinta tentado a perguntar de si para si mesmo: "mas, é só isso?!"

Compreendi que cada atitude praticada contra o semelhante que o prejudique, está sendo praticada contra as leis universais e se ninguém, "não quiser pagar para ver", deve-se manter na linha ou na pior das hipóteses, infligir o quanto menos as leis da vida!

Mas, é verdade!

Mesmo em minha mais tenra infância, não ironizei!

Imaginava poder haver algo além!

Hoje, até quando observo uma folha seca caindo de uma árvore ao solo, percebo uma das maiores forças gravitacionais agindo sobre dois corpos específicos, princípio fundamental, segundo o qual, ISAAC NEWTON, fundamentou algumas de suas teorias!

O mistério que existe por trás da vida animal, das plantas, das pedras e finalmente da espécie humana e os astros universais é singular!

Porém, infelizmente, existem pessoas com tendência clara a serem deuses, cujas atitudes vistas às claras, à lume da razão chocam pela grosseria e imprecaução!

Veja-se por exemplo, a atitude de um certo professor universitário, instrutor em uma Universidade Federal a se manifestar contra o sistema de Cotas a pretos, a pobres e a indígena, sob o argumento de que (segundo ele):"devido a falta de estrutura familiar, alimentar, etc., essas criaturas não teriam condições de acompanhar lado a lado, com a mesma proporção o ensino igual os outros alunos!"

Não estou bem certo, mas, acho que eu já vi esse filme antes, trata-se da "Teoria da Raça Ariana" do "Führer", como meu pobre pai costumava chamar!

Para uma pessoa assim, não existe contra argumentação!

Para uma pessoa assim: as dezenas de anos que os negros permaneceram untados ao cativeiro e a escravidão, sem direitos civis sem direito a qualquer argumentação, nada significa!

Para uma pessoa assim, a morte de crianças inocentes, o tronco, a tortura, o estupro, etc., nada significa!

Também, nada importa para ela, as renúncias que o miserável pobre tem que fazer para cursar um ensino superior, numa universidade publica, seja estadual ou federal!

E quanto aos índios!

Que maravilha, ter representantes das tribos indígenas numa universidade elevando o nome do Brasil no exterior, no entanto, esse desgraçado, só consegue enxergar, um ser furtando a vaga de um afortunado!

Pobre diabo!

Ainda não vou lhe revelar o que eu sei!

Mas, vou lhe dizer e afirmar claramente sem medo de errar: "seu futuro, meu caro e daqueles que pensam igual a você, está selados!" Bastante olhar o que houve com seu chefe... (Adolf Hitler).

NEM TANTO SOL; NEM TANTO LUA!

É a mais pura realidade!

Ou seja: o meio termo da vida!

Assim, por mais que eu seja otimista, acredite verdadeiramente no dia de amanhã, observar principalmente ou tão somente o lado bom das coisas e da vida, não existe saída, quando alguns lembretes me mostram quanto é frágil, todas essas conjecturas!

Isso acontece comigo não sei com você!

Toda vez que desdenho, toda vez que perco um pouco o foco, recebo uma advertência!

Não uma admoestação propriamente dita, não um xingamento, não qualquer esbravejamento, não, nada disso!

Uma dor de cabeça, uma dor renal, uma infecção urinaria, uma hemorroida, etc., são argumentos suficientes e incentivos às avessas, para mostrar o tamanho dos pequenos traumas, que acompanham lado a lado, a felicidade humana!

Enfim, nem tudo é tristeza e felicidade perfeita, esqueça!

Não, dirão, alguns outros, se eu tivesse a fortuna do Bill Gates, passaria a ser o sujeito mais feliz da face da Terra... será?!

Ora, eu estou levando em consideração, que me dirijo a seres racionais, dispostos a aprender um pouco mais sobre a essência, a essas criaturas que vivem como amebas, protozoários, parasitas, unicelular, etc., sem cérebro e sem amor, não perco mais meu tempo, esses, realmente acreditam que a felicidade no mundo está em possuir um carro do ano, uma casa na praia, uma supercasa, etc.

Me dirijo a você, ser racional e nobre que procura algo mais além do café da manhã e o almoço do meio dia!

Me dirijo a você que acredita alimentar a alma, com boas atitudes, com um bom comportamento, com a virtude, com o respeito ao semelhante, com o auxílio desinteressado!

Não posso desacreditar na vida, mas, não posso desdenhar a morte. É o meio termo, é o meio caminho é a divisão!

Apesar das aparências demonstrar o contrário, tudo se resume no fundo no fundo, naquilo que se é de verdade e é exatamente isso, que está sendo negligenciado hoje em dia, haja vista haver a necessidade de integrar, se mostrar para o semelhante, para o rival, fazer parte da sociedade e a essência da vida está se perdendo!

Exemplo típico de tudo isso que ora exponho é o fato da febre dos celulares!

Os alargadores de orelhas!

As tatuagens que tanto maculam o corpo feminino!

Estou decepcionado com a humanidade e seu anseio de se mostrar e sua verdadeira negligencia em observar melhor... um amanhã!

Chamar a atenção, atrair para si os olhares, ser famoso, ser alguém, sair do anonimato é por isso que inventaram tudo isso!

A tatuagem é uma maneira de protesto e rebeldia e também de estética para algumas pessoas, que acreditam piamente mostrar quem são, pelo colorido de suas linhas pintadas, o fato de mancharem o corpo para sempre até a hora da morte... pouco importa!

Fica mais do que provado, que essas pessoas só pensam no hoje!

Só pensam no ter e possuir, em prejuízo do ser!

A pergunta que se faz no entanto, é só uma:

Esses comportamentos, essas bizarrices em que auxiliam na melhora do ser humano?

A resposta é a certeza clássica de que não estão no caminho certo!

Entretanto, andar por aí falando mal do semelhante, amaldiçoando o dia a dia, o sol, a lua, o ar o mar, não é nada salutar...

Também não faz sentido dizer que é só amar para ser feliz!

O ÚLTIMO PORTAL!

Você já andou a cavalo?

Aliás, você sem estar acostumado a andar a cavalo, já "teve o prazer" de andar alguns quilômetros em um pangaré da mais vil espécie?

Se nunca passou por essa experiência, eu já!

Mas, se já teve a oportunidade, sabe muito bem do que eu estou falando!

Fiquei mais de uma semana dolorido! Sem contar as assaduras!

Daí eu ter chegado a célebre conclusão; de duas uma: ou os cavalos dos cowboys eram super macios de trotar ou eles tinham bumbum de aço, para não saírem de cima deles, viajando, pastoreando gado, desbravando, lutando, enfrentando índios... etc.

Mas, a culpa nem é tanto da falta de costume do cavaleiro nem das costas ossudas do cavalo, que os transformam em severos inimigos!

Veja-se, por exemplo, os cavalos mongóis.

Olhando-os à primeira vista, não se dá nada por eles!

De pequeno porte, não muito elegantes, feios até, mas, super equipados para conduzir homens por pradarias e morros sem sequer um "solavanco", uma espécie de "Ferrari" de quatro patas. Precisão e conforto "num veículo só!"

Mas, imagine um europeu, sair lá do seu conforto e em busca de um sonho louco impossível, subir no lombo de um quadrúpede, galgar montanhas, cavalgar ao cume de montanhas, querendo a todo custo, ratificar uma teoria, que nunca, jamais poderia ser provada, ainda mais na Índia!

Enquanto isso, outros seres, seus prisioneiros, fadados a segregação, adentrar pela primeira e talvez a última, embaixo do portal, de onde podia se ler em letras garrafais: "Der Mann Arbeitet Immer!" (o trabalho enobrece o homem!

E isso aconteceu há apenas algumas décadas!

Foram ter eles (os Nazistas) lá nas profundezas da índia, segundo suas teorias, a prova cabal de que por ali passara e existira a "raça ariana!"

Pesquisaram, mediram, calcularam, compararam, entretanto, eles mesmos não encontraram absolutamente nada que corroborasse ao menos 1% de suas expectativas que por ali, há algumas centenas, milhares mesmos de anos, existira uma geração parecida com àquela que ansiava o "grande chefe!"

Na verdade, uma mínima observação mais atenta, teriam os impedido de irem tão longe no lombo de cavalos e circundados de burros...

Logo, o "chefe" era austríaco, não alemão, já não poderia pertencer a tão famigerada e desejada raça!

Seu general "in chefe" Heinrich Himmler (pelo amor de Deus, nada contra os deficientes físicos, apenas para exemplificação), era manco!

Seu "Mal. do Ar", Hermman Göring, (pelo amor de Deus, nada contra os gordos, é apenas para exemplificação), era "gorducho", apreciador de uma boa Caneca de Shopp Alemão, acompanhado de seu "chucrute" (este último à base de folhas de repolho, imagine a explosão).

Então, que raios de "raça ariana" era aquela?

Um chefe que não era alemão, um quase "sub" chefe que não andava direito e um outro responsável, que não conseguia levantar o traseiro da cadeira com rapidez devido ao excesso de banha na região abdominal!

Simples, fora fundamentada na mentira e de real mesmo, só houve o massacre de mulheres e crianças inocentes, tá certo que o antepassado dessas mesmas mulheres e crianças Escarneceram Cristo, entregaram-no para ser julgado como saltibanco e na hora H, preferiram ficar com um arruaceiro (Barrabás), ao invés do profeta, mas, nada justifica a carnificina imposta aos seus descendentes!

Assim, aquele portal, era simplesmente a entrada para o inferno!

Mas, ao que tudo indica, pouco ou nenhuma lição foi tirada da derrota daquela gente. Já está surgindo outros com a mesma sede de poder, com o mesmo desejo de

gloria e fama que seus "padrinhos" alemães!

<u>MANTER O SANGUE FRIO</u>

<u>A TODO CUSTO</u>!

Se você não for judeu, assim como eu (nada contra), não desdenhará Cristo nem suas profecias, nem seus feitos, nem suas obras!

Assim, como você, eu muitas vezes sinto uma imensa vulnerabilidade e mesmo inabilidade para lidar com seres humanos!

Existem pessoas sobre a face dessa Terra que Deus, deu, cuja única utilidade (se é que se pode chamar assim), é escarnecer o semelhante!

Ora, eu não sei porque causa tanto susto e muitas vezes me surpreendo, quando àquele que valia muito mais que toda a humanidade junta, muito mais que toda a Galáxia junta, fora humilhado e esbofeteado, por que comigo, reles pecador, às coisas poderiam ser melhores?!

Existem pessoas colocadas em nosso meio ou vice versa, cuja grosseria, estupidez, mal caratismo são sem paralelo!

Baseado nesse princípio, é forçoso sim, concluir que malgrado a anterioridade, a posteridade, ambas necessária a existência e preexistência, e forçoso concluir, que um dia houve seres frágeis, que acreditam no amanhã, que respeitavam o semelhante, mas, um dia, devido a zombaria, devido a destilação do sarcasmo sobre suas cabeças, se revoltaram, cruzaram a fronteira e teve início sua longa carreira, como foras da lei!

Embora saibamos, é claro, existir seres já basicamente, nascidos prontos para praticar o mal!

Na minha infância, conheci uma criança, não tinha muito mais que oito/nove anos não!

Já naquela época, tal menor, já viera pronto...

Pronto para praticar o mal: furtava, brigava, quebrava vitrô, fumava, bebia... razão pela qual, não fora muito longe. Assim, como não fora muito longe também, seu "tutor" ("Bill"), metralhado aos 17 anos pela polícia militar!

Exceções, à parte, nem todos já nascem predestinados a prática delitiva, mas, com tanto incentivo, aliada a necessidade, a fome, o distanciamento da cultura e da educação da leitura, etc., então, tudo está perdido... muitas almas enveredem por esse caminho, ouso mesmo dizer: "o caminho das portas largas!" e para retomar o outro, no futuro fica muito mais difícil!

O ser humano qualquer que seja, compara-se a um tigre enjaulado (tigre, porque é o mais instável dos felinos, mais traiçoeiros, gigantescos e até belos), sendo treinado desde muito tempo por um treinador disciplinado, no entanto, não há garantias. Nem para o tigre e nem para o treinador!

Uma coisa é bastante certa: um dias as coisas podem dar errado e aí, um dos dois vai morder e vai morrer!

Não se pode confiar num tigre (num leão, num leopardo, numa onça), muito menos, confiar no homem!

Quantas vezes, já ouviu-se a expressão: "ele(a) era tão bonzinho, era incapaz de fazer mal a uma mosca!"

Era!

Algumas coisas acontecem com as pessoas que mudam completamente seu jeito de ter e de ser e de encarar a vida!

Adamastor, era um amigo da adolescência, gente boa demais!

A gente brincava, se abraçava, se xingava, coisa de adolescente!

Se ausentou uns meses da "vila", quando retornou, já não queria brincar, estava transformado, não queria mais saber de brincadeira e já com uma "pinta" de malandro, não aceitava mais ser igual, queria ser diferente, agora queria ser bandido!

Sumiu. Deve ter virado mesmo. Nunca mais o vi.

Assim, algumas pessoas, pegam uma cadeira de madeira frágil, um chicote de couro, põe-nos em ação: um cutucando o bicho (homem), outro estalando no ar o que pode acontecer?!

As cadeias superlotadas, respondem em parte esse questionamento, pois que, a outra parte, continua em liberdade atuando influentes lobistas, doleiros e é claro: políticos!

COMO PERMANECER NO BEM EM DETRIMENTO DO MAL?!

É só andar no caminho bem, dirão alguns...

O problema está justamente nas possibilidades que está ao alcance de todos que pertencem ao mesmo seguimento social!

Por exemplo: o que e a quem favorece à mídia, quando próximo as suas festas e datas comemorativas, Páscoa, Natal, Ano, Carnaval, etc., preenche todo o espaço vazio da televisão, da internet, com propagandas de satisfação, abundancia, felicidade, comida farta e fartos bens?!

Atiça o desejo, desperta a cobiça enaltece a posse e a força do dinheiro e do poder...

Para os possuidores disso tudo, ou seja, riqueza, bens, poder, etc., não significa muita coisa é só comprar!

Para àqueles que nada tem, nem condições nem dinheiro e nem poder,a coisa fica muito mais complicada!

O homem e a mulher precisa ser muito, muito firme em seus propósitos para continuar a vida na miséria, enquanto ao seu lado, caminha outro tanto de pessoas felizes (aparentemente), então, não fossem eles, tudo estaria perdido!

Eles quem?

Os santos e os filósofos, como os santos estão num patamar mais além, que possível, é preciso recorrer aos segundos...

Com efeito, assim, sobre o tema proposto, disse um (filósofo): "(...) afirmo que as riquezas não são coisas boas em si mesmas. Se, realmente, fossem, então elas nos tornariam bons. Não consigo definir como coisa boa em si, aquilo que integra também a vida de indivíduos maus!" (Sêneca)

Mas, respeitando toda a santidade e toda a filosofia, cuja influência sobre a humanidade é incontestável, aos seres médios de inteligência, desprovidos de raciocínios complexos para conseguir conforto e consolo, somente nas palavras, a coisa fica mais difícil!

Razão pela qual, no futuro, as propagandas que invadem todos os lares, contarão com uma espécie de moderação e explicação, dirigidas principalmente àqueles pais carentes, sabedores que são, que nunca poderão dar aquilo aos seus filhos, que nunca poderá, fazer parte daquele grupo, do "carro especial"... "juros baixos, venha buscar o seu..." etc.

E tem mais um agravante!

Surgiu a fome, acabou a filosofia, religião, ciência, amor ao próximo ou fé!

A fome, atordoa a mente, confunde o raciocínio e dificulta a capacidade de aprender...

Portanto, para permanecer no chamado bem, acima de tudo é preciso lutar contra a maioria das tendências humanas, que infelizmente é voltar-se para o mal!

É uma tarefa muito difícil, quiçá, para toda vida. A compreensão e aceitação das coisas como são!

A grande satisfação é vez ou outra, encontrar algumas crianças já desempenhando a função de apaziguadoras, mas, causa uma certa tristeza ao ver tantos senhores ainda com mentalidade retrógrada!

<u>**O CRIME E A**</u>

<u>**VIRTUDE!**</u>

Por mais distintos que possam parecer à primeira vista, a virtude e o crime são faces de uma só moeda, cuja predominância depende fatores internos, mais também de fatores externos, principalmente no tocante ao incentivo pessoal!

Consequentemente, não deve ser novidade para ninguém o fato de o "lado da moeda" predominante em sua maior parte, seja o lado mal, ou o lado do crime!

Se alguém possui alguma dúvida, bastante olhar em torno!

O que vê?

Não! Não é o amor e paz, infelizmente, se bem que nada impediria de o ser!

É incrível imaginar, como uma coletividade, progrediu tanto materialmente.

Evoluiu tanto tecnologicamente e do ponto de vista científico, que é inegável admitir que a humanidade está muito melhor!

O mais incrível de tudo isso no entanto, é imaginar o fato de os mesmos fatos que marcaram profundamente os povos do passando, mais bem do passado mesmo, de cerca de 2000 e 2000 a.C., quais sejam a violência, a maldade e outras precipitações, repetirem-se EXATAMENTE da mesma forma!

Isso, após a chegada e partida de Filósofos do quilate de: Sócrates, Platão, Protágoras, Sêneca, Pitágoras, etc, e mesmo após a chegada e parta dos Profetas: Isaías, Daniel, Ezequiel, João o Batista, João o Evangelista, Pedro, Tiago, do Evangelista Matheus, Paulo de Tarso (e outros tantos) e é claro do próprio Jesus!

A virtude continua exatamente como era, embora a tecnologia tenha avançado significativamente!

Não obstante terem chegado após os seres mencionados, John Huss, François Marie Arouet (Voltaire), Leonard Da Vinci, (e seus vícios), Galileu Galilei, Santo Agostinho, do Mahatma Gandhi, Me. Tereza de Calcutá, Chico Xavier...

Dos intelectuais e fabulosos artistas: Vitor Hugo, William Shakespeare, Albert Einstein, etc.,

Isso, sem se falar dos compositores clássicos, que tanto contribuíram para minimizar a dor da humanidade, através de suas composições, como: Mozart, Beethoven; Vivaldi; Johan Sebastian Bach do nosso Villas Lobos e dezenas de outros!

Não obstante tudo isso, para deleite e bem estar da humanidade, a tendência para o crime é muito maior!

Porque os homens e as mulheres devido ao próprio intelecto e tecnologia tão acalentados, o conforto e a diversão, passaram simplesmente a viver da superficialidade, relegando a segundo plano tudo aquilo que foge do campo do tangível!

Ou seja, o ter, em prejuízo do ser!

Com isso, a própria sociedade e isso não é privilégio só do Brasil, não, paga seu preço!

Veja-se, por exemplo, o patamar de altura que se colocou os EUA, e o preço que paga!

Porque para predominância de um povo com as características de poderio atual, é necessário, ainda que indiretamente, sacrificar outros povos, daí surgir, o ódio, a inveja, o horror e junto, os atentados terroristas e logicamente, a morte de pessoas inocentes, como efeito colateral!

Assim o é com relação aos povos, assim o é, com relação as pessoas!

A maldade e o crime, é também o efeito colateral que atinge, nesse caso, a humanidade brasileira, para provar e ratificar a teoria, de que as coisas não andam bem e há necessidade real e urgente de mudança!

Mudança na maneira dos políticos de legislar, mudança na mentalidade dos juízes de aplicar a pena e julgar e acima de tudo, a criação de medidas que favoreçam as camadas mais pobres da sociedade, sem interesse político e sem desejo eleitoral!

O CONTO DO LOBO MAU!

Não, não é da historinha da "Chapeuzinho Vermelho!"

Essa é mais atual, segundo tudo indica, baseado numa história próxima a real!

Trata-se de uma passagem da história da vida de Francisco de Assis... tá certo que os santos vivem uma outra realidade, é verdade, tá certo que os santos tem uma maneira toda peculiar de encarar os problemas e as dificuldades, mas, uma passagem particular na vida dele, retratando o que pode ocorrer com animais e logicamente com as pessoas!

Apenas com a diferença, que não há a necessidade de se tornar necessariamente uma "pomba branca" missionária da paz e mensageira do amor: Jesus o disse.

Jesus o disse: "sede dóceis como uma pomba e prudentes como uma serpente!"

Prudentes "como" uma pomba e não se tornar uma pomba!

Quanto a ser como e ser exatamente igual a uma pomba, essa é a parte mais fácil, conheço uma exatamente igual no meu serviço!

Passa o dia se relacionando comigo profissionalmente e me"entregando" de bandeja para o chefe, quando das mínimas falhas, como se fosse a senhora perfeita!

Não precisa ser "como" uma serpente, já é uma!

Quanto a mim não sou muito diferente. Mas, uma coisa eu garanto e sem ansiar pelas assas de Francisco de Assis ou santo desse quilate: imperfeito como sou, mesmo assim, não me apetece ficar "entregando" meus companheiros de serviço, prejudicando meu semelhante, simplesmente para me parecer melhor do que realmente sou e como tenho certeza que não sou melhor em m. nenhuma, ponho-me no meu lugar e refreio os meus impulsos traidores!

Porque eu tenho certeza, que todos cometem ou um dia cometerão falhas gravíssimas e um dia, precisarão certamente, daqueles que hoje prejudicaram ou pretendem!

Francisco de Assis, como todos sabem, perambulava lá pelas cercanias da Itália, pobre e miserável, como só ele, embora tenha nascido, como se diz em "berço de ouro", ou melhor, em berço de tecido, renunciou a tudo para trabalhar em prol dos pobres e dos miseráveis, tentou a todo custo também, resgatar a igreja católica, indo visitar pessoalmente o Papa da época e o conseguiu, logicamente, outro milagre seu(?!)

Como um frade mal trapilho, descalço, conseguiu chegar até as proximidades do Papa Inocêncio III, passando por todos os seguranças, padres, bispos, madres, etc.?!

Jamais passaria, foi intervenção Divina!

(...)

Passando por uma cidadezinha chamada GÚBIO (1), na UMBRIA, essa estava tomada de medo, por causa de um animal selvagem, no caso, um lobo, que numa floresta próxima andava apavorando a comunidade!

Se você assistiu algum episódio na televisão ou viu na internet, algo sobre a proliferação dos lobos em alguns pontos dos Estados Unidos e mesmo na Sibéria, e sua ferocidade, saberá exatamente do que estou falando e o temor que um povo com poucas armas de defesa, tinha do temido animal!

Francisco, prontificou-se a encarar a fera!

Desarmado, destemido, munido somente de fé (haja) entrou na floresta e com efeito o animal apareceu e já vinha para devorá-lo, quando Francisco, ergueu a mão e o animal estancou!

Conversou com o mesmo (dizia que ele conversava com os bichos), pediu que estendesse uma das patas se estivesse compreendendo!

E o animal assim o fez!

Quando depositou a pata sobre a mão aberta de Francisco, este percebeu que havia algo logo abaixo da mesma, cravado nas partes moles da mesma!

Do que se tratava?

Um grande espinho havia entrado na pata do animal e este sem conseguir retirar (pois, lobo não tem mão , é claro), talvez roçando com a boca, inflamara mais ainda o local!

Assim que retirou o espinho, Francisco já sentiu um certo ar de tranquilidade do animal, deu-lhes mais alguns bons conselhos (ele falava com os animais como disse), algumas mais admoestações, algumas observações e em seguida, trouxe-o para a cidade, o que deixou a população estupefata, tamanha mansuetude demonstrada pelo animal, o qual, ficou amigo de toda gente e alimentado por todo mundo, parou de atacar as pessoas!

(...)

O homem, a mulher, cerceado em seus direitos, está como o lobo na floresta, atacando todo mundo, bichos, pessoas, outros lobos e o que vier pela frente e infelizmente, ao contrário do que ocorreu na época de Francisco de Assis, as leis, a justiça, a política, etc., tenta a todo instante, entrar na "floresta" social, não com o intuito de ajudar o animal (homem ferido) a retirar o espinho de sua pata (mão, pé, coração, alma),   e sim, tenta caçá-lo com as armas poderosas da desigualdade social, da indiferença, do ódio, da discriminação racial e social e o que acontece?!

O que acontece é que o lobo-homem ferido, revoltado e destituído, procura a todo momento, uma maneira de atacar seus algozes!

Não vendo solução para seus problemas e observando a indiferença fria e mórbida de uma sociedade corrupta e conservadora, simplesmente, se recusa a sequer pensar, que um dia, poderá ser um homem de bem, tamanha sua dor, tamanha sua mágoa, tamanho seu desespero!

(1) Gúbio, uma cidade na Úmbria, estava tomada de grande medo. Na floresta da região vivia um grande lobo, terrível e feroz, o qual não somente devorava os animais como os homens, de modo que todos do povoado estavam apavorados!

Por isso, cercaram a cidade com altas muralhas e reforçaram as portas. E todos andavam armados quando saíam da cidade, como se fossem para um combate. Certa vez, quando Francisco chegou àquela cidade, estranhou muito o medo do povo. Percebeu que a culpa não podia ser unicamente do lobo. Havia no fundo dos corações uma outra causa que era tão destrutiva como parecia ser a causa do lobo.

Logo, Francisco ofereceu-se para ajudar. Resolveu sair ao encontro do lobo, sozinho e desarmado, mas cheio de simpatia e benevolência pelo animal, e, como dizia às pessoas, na força da Cruz. O perigoso lobo, de fato, foi ao encontro de Francisco, raivoso e de boca aberta pronto para devorá-lo, mas quando o lobo percebeu as boas intenções de Francisco e ouviu como este se dirigia a ele como a um irmão, cessou de correr e ficou muito surpreendido.(...)